महाभारत
की कहानियाँ

कुरुक्षेत्र का युद्ध

सुभद्रा सेन गुप्ता

Om KIDZ
An imprint of Om Books International

वनवास समाप्त होने के बाद सभी पांडव हस्तिनापुर लौट आए और उन्होंने धृतराष्ट्र से विनती की कि उन्हें उनका राज्य इंद्रप्रस्थ वापस लौटा दिया जाए।

युधिष्ठिर ने धृतराष्ट्र से कहा, "हे महामहिम, हमने आपके आदेशों का पालन किया। हम तेरह वर्षों तक वनवास में रहे और अंतिम वर्ष में आपका पुत्र हमें नहीं ढूँढ़ पाया। अब हम अपना राज्य वापस चाहते हैं।"

दुर्योधन एवं उसके भाई पांडवों को उनका साम्राज्य वापस नहीं देना चाहते थे। दुर्योधन ने पांडवों पर चिल्लाते हुए कहा, “मैं तुम लोगों को भूमि का एक टुकड़ा भी वापस नहीं लौटाऊँगा। यह सब कुछ हमारे पिताजी का है!”

दुर्योधन का उत्तर सुनकर युधिष्ठिर ने बहुत ही दुःखी स्वर में कहा, "दुर्योधन! तुम्हारा यह क्रोध और लालच तुम्हारे परिवार के लिए आपदा लेकर आएगा। यदि तुमने मना किया, तो युद्ध होगा। क्या तुम यही चाहते हो?"

भीम ने क्रोध में धृतराष्ट्र को घूरते हुए कहा, "आप केवल अपने पुत्रों का साथ देते हैं, महामहिम, और अपने राजा होने के धर्म का पालन नहीं करते हैं। मैं जानता था कि आप हमें धोखा देंगे।"

और अर्जुन ने कहा, "चौपड़ के खेल के समय आपने जो देवी द्रौपदी का अपमान किया था, उसे मैं भूला नहीं हूँ। अब अगली बार हम लोग कुरुक्षेत्र की युद्धभूमि में मिलेंगे।"

पांडव एवं कौरवों ने युद्ध की तैयारी आरम्भ कर दी। पांचाल, काशी, मगध एवं छेदी जैसे राजवंशों ने पांडवों का साथ दिया। वहीं अंग, केकेय, मद्र तथा गांधार कौरवों की ओर थे।

दुर्योधन एवं अर्जुन, दोनों ही भगवान कृष्ण से सहायता माँगने के लिए द्वारका नगरी गए। जब वे दोनों वहाँ पहुँचे, तब कृष्ण निद्रा में थे। अर्जुन भगवान कृष्ण के चरणों में जाकर बैठ गए और दुर्योधन उनके सिर के पास बैठ गया।

सोकर जागने के बाद भगवान कृष्ण ने सबसे पहले अर्जुन को देखा। उन्होंने कहा, “मैं तुम दोनों की मदद करूँगा। चूँकि मैंने पहले तुम्हें देखा, इसलिए पहले तुम अपनी विनती सुनाओ। अर्जुन मैं तुम्हें चुनाव का अवसर प्रदान करता हूँ। तुम या तो मेरी सेना चुन सकते हो या फिर मुझे।”

अर्जुन ने कहा, “मैं केवल कुरुक्षेत्र में आपकी उपस्थिति चाहता हूँ। युद्ध मैं स्वयं लड़ कर जीत लूँगा।” और इस तरह उन्होंने अपने सबसे अनन्य मित्र कृष्ण को चुना और दुर्योधन द्वारका की प्रसिद्ध सेना को पाकर प्रसन्न था।

भगवान कृष्ण ने अर्जुन से कहा, “मेरी एक शर्त है। मैं एवं मेरे भाई बलराम कुरुक्षेत्र में युद्ध नहीं करेंगे। वे पहले ही तीर्थयात्रा पर जा चुके हैं।” अर्जुन ने हैरान होते हुए पूछा, “फिर आप क्या करेंगे?” भगवान कृष्ण ने मुस्कुराते हुए कहा, “मैं तुम्हारा सारथी बनकर युद्ध को जीतने में तुम्हारी मदद करूँगा।”

युद्ध के प्रथम दिन दोनों सेनाएँ एक-दूसरे के सामने खड़ी थीं। सभी महान राजा एवं योद्धा अपने हाथों में धनुष एवं बाण लेकर वहाँ रथ पर सवार थे। पैदल सैनिकों के हाथ में तलवार, कवच एवं ढाल थीं।

अर्जुन रथ पर सवार थे जिसे भगवान कृष्ण चला रहे थे। वे पांडवों की सेना के प्रमुख थे। उन्होंने शत्रुओं से भरी युद्धभूमि पर एक दृष्टि डाली एवं चारों ओर उन्हें अपने ही सगे-संबंधी और गुरुजन दिखाई पड़ रहे थे।

कौरवों की सेना के प्रमुख उनके परदादा भीष्म थे। भीष्म वे व्यक्ति थे, जिन्होंने उन्हें एक पिता का प्रेम दिया था। भीष्म के साथ ही उनके दोनों गुरु द्रोणाचार्य एवं कृपाचार्य खड़े थे। बड़े भाई दुर्योधन के साथ अन्य भाई भी वहाँ उपस्थित थे।

अर्जुन का हृदय द्रवित हो उठा और उन्होंने अपना धनुष नीचे रखते हुए भगवान कृष्ण से कहा, "ये योद्धा मेरे शत्रु नहीं हैं।

ये मेरे परिवार के सदस्य हैं जिनका मैंने सदैव ही सम्मान किया है और उनसे प्रेम किया है। मुझे क्षमा कर दें प्रभु, मैं इनसे युद्ध करके इनका वध कैसे कर सकता हूँ?"

अर्जुन का साहस बढ़ाने के लिए भगवान कृष्ण ने उनसे अमर शब्द बोले जो पवित्र पाठ में बदल गए, जिन्हें आज हम भगवद् गीता के नाम से जानते हैं।